Proportion & Harmony

REGISTRATE EN

www.ameditores.com

y recibe
nuestras
promociones

Proporción y Armonía

EDICIÓN
FERNANDO DE HARO • OMAR FUENTES

AUTORES / AUTHORS: FERNANDO DE HARO & OMAR FUENTES

DISEÑO Y PRODUCCIÓN EDITORIAL / EDITORIAL DESIGN & PRODUCTION: AM EDITORES, S.A. DE C.V.

DIRECCIÓN DEL PROYECTO / PROJECT MANAGERS: VALERIA DEGREGORIO VEGA / TZACIL CERVANTES ORTEGA

COORDINACIÓN / COORDINATION: EDALI P. NUÑEZ DANIEL

COLABORADORES / CONTRIBUTORS: MARIANA TRUJILLO MARTÍNEZ

CORRECCIÓN DE ESTILO / COPY EDITOR: ABRAHAM OROZCO GONZÁLEZ

TRADUCCIÓN / TRANSLATION: MEXIDIOM TRADUCCIONES

ARQUITECTOS MEXICANOS, "PROPORCIÓN Y ARMONÍA"
HOUSES, "PROPORTION & HARMONY"
© 2005, FERNANDO DE HARO & OMAR FUENTES

AM EDITORES S.A. DE C.V. PASEO DE TAMARINDOS #400 B, SUITE 102, COL. BOSQUES DE LAS LOMAS, C.P. 05120,
MÉXICO, D.F. TEL. 52(55) 5258-0279, FAX. 52(55) 5258-0556. E-MAIL: AME@AMEDITORES.COM
WWW.AMEDITORES.COM

ISBN ESPAÑOL 970-9726-14-5
ISBN INGLÉS 970-9726-15-3

IMPRESO EN HONG KONG / PRINTED IN HONG KONG.

P.P. 4, 5 Y 11
GERARDO GARCÍA L.
FOTÓGRAFO - PHOTOGRAPHER. JORDI FARRÉ Y
HÉCTOR VELASCO FACIO.

P.P. 6, 20 Y 21
DANIEL ÁLVAREZ
FOTÓGRAFO - PHOTOGRAPHER. PAUL CZITROM.

P.P. 7 Y 18
FRANCISCO GUZMAN GIRAUD
FOTÓGRAFO - PHOTOGRAPHER. HÉCTOR VELASCO FACIO.

P. 9
FERNANDO DE HARO L., JESÚS FERNÁNDEZ S. Y OMAR FUENTES E.
FOTÓGRAFO - PHOTOGRAPHER. HÉCTOR VELASCO FACIO.

P. 12
MARIO ARMELLA G. Y MARIO ARMELLA M.
FOTÓGRAFO - PHOTOGRAPHER. IGNACIO URQUIZA.

P.P. 14 Y 15
ANDRÉS PASTOR, ARTURO MATEOS Y OMAR RENDÓN
FOTÓGRAFO - PHOTOGRAPHER. JASMIN WALD.

P.P. 16 Y 17
ALEX CARRANZA V. Y GERARDO RUIZ DÍAZ
FOTÓGRAFO - PHOTOGRAPHER. HÉCTOR VELASCO FACIO.

CONTENIDO
CONTENTS

INTRODUCCIÓN / INTRODUCTION

La casa es la máquina de habitar, decía Le Corbusier hace casi 100 años. Nada más apasionante para los arquitectos que explorar e investigar acerca de un tema tan rico como la casa habitación, la célula mínima de habitabilidad, el paradigma de los espacios más privados del hombre. En estas propuestas editoriales, se presentan diferentes visiones del acercamiento de los arquitectos al diseño del espacio doméstico, operando en múltiples lugares, en distintas circunstancias, diversos entornos urbanos y rurales, mostrando variados niveles de madurez y expresión, pertenecientes a las distintas generaciones de los diseñadores.

Las nuevas posibilidades de diseño que no teníamos hace años, se hacen patentes en los proyectos de los arquitectos contemporáneos. La relación con la naturaleza y la ciudad, la complejidad de los programas, la fluidez y flexibilidad espacial que se requiere hoy, los niveles de confort y calidad en el uso de materiales y tecnologías innovadoras, los amueblados de alto diseño, se resumen en una moderna estrategia que ha llevado los procesos arquitectónicos a actuar sobre las esferas más íntimas con la influencia de patrones de privacía, donde las dimensiones de estas arquitecturas domésticas, sus fantasías, sus caprichos y sus aspectos exóticos pueden encontrar una libre y personal expresión, comunicándose con su propio lenguaje, en silencio, a través de sus impulsos, sus directrices, su jerarquía global, sus articulaciones y sus detalles.

Ninguna explicación o plano puede suplantar esa experiencia directa de las formas, de los espacios, los materiales, la luz, las secuencias, el ritmo; la mejor explicación de los conceptos para estas arquitecturas son precisamente las obras mismas.

Arq. Daniel Álvarez

"The house is a machine for living in" Le Corbusier used to say almost 100 years ago. There is nothing more exciting for architects than exploring and researching a subject as rich as the residential home, the minimal habitational cell, the paradigm of the most private spaces of man. In these editorial offerings, we present the approaches of different architects to the design of the domestic space, operating in multiple sites, different circumstances, diverse urban and rural settings, showing varying levels of maturity and expression, belonging to different generations of designers.

The new design possibilities, which were unavailable a few years ago, are featured in the projects of contemporary architects. The relationship with nature and the city, the complexity of the programs, the fluidity and spatial flexibility that are required today, the levels of comfort and quality in the use of innovative materials and technologies, and the high-design furniture are summarized in a modern strategy that has taken the architectural processes to act upon the most intimate spheres and influence the patterns of privacy where the dimensions of

THESE DOMESTIC CONSTRUCTIONS, THEIR FANTASIES, WHIMS AND EXOTIC ASPECTS, CAN FIND A FREE AND PERSONAL EXPRESSION, COMMUNICATING IN THEIR OWN LANGUAGE, SILENTLY AND THROUGH THEIR OWN IMPULSES, DIRECTIONS, THEIR GLOBAL HIERARCHY, CONNECTIONS AND DETAILS.

NO EXPLANATION OR PLANE MAY REPLACE THIS DIRECT EXPERIENCE OF SHAPE, SPACE, MATERIALS, LIGHT, SEQUENCES, AND RHYTHM; THE BEST EXPLANATIONS OF THE CONCEPTS BEHIND THESE ARCHITECTURAL COMPOSITIONS ARE THE WORKS THEMSELVES.

DANIEL ÁLVAREZ, ARCH.

RICARDO AGRAZ

En el trabajo de los arquitectos RICARDO AGRAZ, Paolino di Vece y Santiago Ibarrarán se puede ver plasmada su constante inquietud por encontrar una creativa y especial manera de habitar. Como resultado de esta búsqueda se generan nuevos ambientes, rotundos y con una clara vocación de trascendencia espacial, donde la luz es la esencia de una nueva e interesante manera de vivir. Proyectos innovadores y contemporáneos capaces de trascender en el tiempo, lugar y necesidades del cliente como única garantía de que el habitante sea por excelencia el gran protagonista del espacio.

Además el trabajo de arquitectos como Salvador Aguirre en la ejecución de obra y Oscar Peña de la Mora en arquitectura interior cautelan la armonía necesaria para la adecuada y certera realización del proyecto.

The work of architects RICARDO AGRAZ, Paolino di Vece and Santiago Ibarrarán shows their constant concern for finding a creative and special way of living within a space. As a result of this search, new atmospheres are generated; round and with a clear call for spatial transcendence. In them, light is the essence of a new and interesting way of living. Innovative and contemporary projects must be able to transcend time, place and the client's needs as the only guarantee that the resident will be the quintessential protagonist of the space.

Furthermore, the work of architects such as Salvador Aguirre in the execution of the project and Oscar Peña de la Mora in interior architecture provide the harmony necessary for the adequate and accurate materialization of the project.

P.P. 23 A 29
CASA I, ZAPOPAN, JAL.
FOTÓGRAFO - PHOTOGRAPHER. MITO COVARRUBIAS.

GUILLERMO ALCOCER

Para GUILLERMO ALCOCER, LA ARQUITECTURA VA MÁS ALLÁ DE LA FORMA Y LA FUNCIÓN. ESTÁ HECHA POR EL HOMBRE Y PARA EL HOMBRE Y A TRAVÉS DE ELLA SE DEBEN CREAR ESPACIOS PARA CONTEMPLARLOS COMO A UNA ESCULTURA O UNA PINTURA Y QUE NOS CONMUEVAN COMO LO HACEN LA POESÍA O LA MÚSICA. ESPACIOS QUE NOS DEN PAZ, TRANQUILIDAD, SERENIDAD Y COMODIDAD BAJO CIERTAS PROPORCIONES QUE ARMONICEN CON EL CUERPO HUMANO. LA LUZ COMO ELEMENTO DE VIDA Y EL AGUA COMO ELEMENTO TRANQUILIZANTE DEBEN ESTAR CONTENIDOS EN CADA OBRA. "SE DEBE REDUCIR EL DISEÑO A LO ESENCIAL, ENRIQUECIENDO EL DETALLE. ARQUITECTURA LÓGICA, CLARA, ORDENADA, LIMPIA, REGULAR, SENCILLA Y HUMILDE; SIN OSTENTACIONES NI SIGNOS DE RIQUEZA, AJENA A MODAS VANGUARDISTAS Y TECNOLÓGICAS". FILOSOFÍA ZEN.

For GUILLERMO ALCOCER, ARCHITECTURE GOES WELL BEYOND FORM AND FUNCTION. IS MADE BY MAN, FOR MAN, AND SPACES SHOULD BE CREATED THROUGH IT TO BE ADMIRED LIKE A SCULPTURE OR A PAINTING THAT MOVES US LIKE POETRY OR MUSIC. SPACES THAT GIVE US PEACE, A SENSE OF CALM, SERENITY AND COMFORT WITH CERTAIN PROPORTIONS THAT HARMONIZE WITH THE HUMAN BODY. LIGHT AS AN ELEMENT OF LIFE, AND WATER AS A SOOTHING ELEMENT, MUST BE INCLUDED IN EACH WORK. "DESIGN MUST BE REDUCED TO ITS ESSENCE, REINFORCING THE DETAILS. ARCHITECTURE SHOULD BE LOGICAL, CLEAR, ORDERLY, CLEAN, REGULAR, SIMPLE AND HUMBLE, WITHOUT OSTENTATION OR SIGNS OF WEALTH, REMOVED FROM AVANT-GARDE AND TECHNOLOGICAL TRENDS." ZEN PHILOSOPHY.

P.P. 31 A 37
CASA EN VALLE
VALLE DE BRAVO, EDO. DE MÉXICO.
FOTÓGRAFO - PHOTOGRAPHER. ALFONSO DE BÉJAR.

DANIEL ÁLVAREZ F.

GA Grupo Arquitectura, fundado en 1980, se ha especializado en proporcionar servicios profesionales interdisciplinarios relacionados con la arquitectura, diseño urbano y de interiores, construcción y desarrollos inmobiliarios en todas sus etapas. Para ello cuenta con los recursos humanos, técnicos y económicos necesarios, además de una cartera de asesores especializados en ingeniería, ecología, legislación y finanzas, que participan como consultores para estudios y proyectos de diversa índole.

En cada proyecto trabaja muy cerca de sus clientes para entender claramente sus necesidades y requerimientos. De esta manera, el equipo desarrolla con eficacia cada proyecto, con una postura estética distintiva.

GA Grupo Arquitectura, founded in 1980, has specialized in providing interdisciplinary professional services related to architecture, urban and interior design, and construction and real estate projects at every stage of development. To that end, it has every human, technical and financial resource at its disposal, as well as a portfolio of specialized engineering, ecology, legislative and financial advisers, who participate in different studies and projects as consultants.

The firm works closely with its clients on every project to clearly understand their needs and requirements. This way, the team develops every project efficiently, with a distinctive aesthetic stance.

P.P. 39, 44 Y 45
Casa Nelio, México, D.F.
FOTÓGRAFO - PHOTOGRAPHER.
Paul Czitrom.

P.P. 40 A 43
Casa Izar, México, D.F.
FOTÓGRAFO - PHOTOGRAPHER.
Paul Czitrom.

MARIO ARMELLA M.
MARIO ARMELLA G.
ALEJANDRA PRIETO DE P.
CECILIA PRIETO DE M.

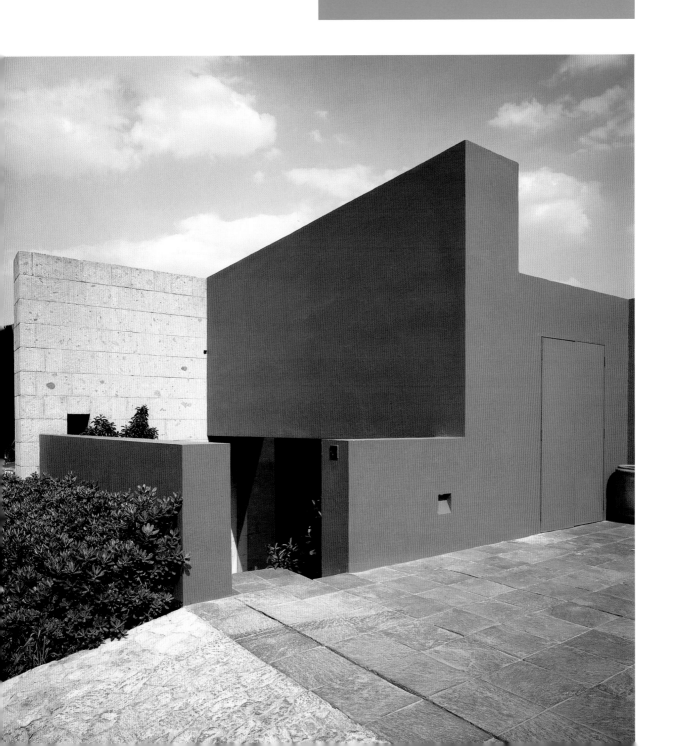

El concepto de diseño ARMELLA ARQUITECTOS se basa en crear una arquitectura contemporánea adecuada a su contexto. La arquitectura debe ser descubierta al recorrerse. Para lograr una mayor armonía debe buscarse una integración entre las áreas construidas, los jardines y los espacios abiertos que los contemplan. Por eso consideran indispensable trabajar muy de cerca con el cliente, a fin de encontrar soluciones originales y personales en cada proyecto.

El objetivo de DUPUIS es ofrecer la posibilidad de amueblar y decorar espacios con un estilo auténtico, sofisticado, fino, cálido y de buen gusto, por lo que le corresponde el mérito de haber popularizado su propio estilo en México y de haber despertado el interés por el diseño mexicano en el extranjero.

49

ARMELLA ARQUITECTOS' design concept is based on creating contemporary architecture congruent with its context. They believe architecture should be an experience of discovery and that to achieve greater harmony the designer must integrate the construction with the property and its open spaces. To that end, they work very closely with the customer to reach original, personal solutions for each project.

DUPUIS objective is to bring its refined, warm style of authentic good taste to furnishing or decorating a space. In line with this pursuit, the company deserves merit for having popularized its own style in Mexico and awakened interest for Mexican design abroad.

P.P. 47 A 53
Casa Bosques 1, México, D.F.
FOTÓGRAFO - PHOTOGRAPHER. Ignacio Urquiza.

ALEX CARRANZA V.
GERARDO RUIZ DÍAZ

EL ESPACIO ARQUITECTÓNICO LLAMADO "CASA", ES AQUELLA IMAGEN QUE TENEMOS DE UN ÁMBITO FUNCIONAL EN EL CUAL DESARROLLAMOS PARTE DE NUESTRA VIDA. ESPEJO DE NUESTRAS COSTUMBRES Y NUESTRO GUSTO POR EL BIEN VIVIR, ES EL FIN DE NUESTROS ANHELOS O EL PRINCIPIO DE LOS MISMOS...

INVERTIMOS EN ELLA UNA PARTE IMPORTANTE DE NUESTROS RECURSOS Y QUEREMOS QUE, COMO LAS BUENAS OBRAS DE ARTE, INCREMENTE SU VALOR EN EL TIEMPO, PERO PARA LOGRARLO SE REQUIERE TENER UN GRAN RESPETO POR LA ARQUITECTURA EN SU PROCESO DE REALIZACIÓN.

EN FIN, ES EL ESPACIO ARQUITECTÓNICO QUE POSIBLEMENTE MÁS INFLUENCIA TENGA EN NUESTRAS VIDAS Y POR ELLO LE DEDICAMOS TANTO TIEMPO Y ATENCIÓN.

THE ARCHITECTURAL SPACE WE CALL A "HOUSE" IS THE IMAGE WE HAVE OF A FUNCTIONAL ENVIRONMENT WHERE WE CARRY OUT PART OF OUR LIFE. IT IS COMPOSED OF WALLS, COLUMNS AND CEILINGS THAT CREATE A DIALOG OF LIGHT, SPACE AND NATURE.

IT IS A PHYSICAL AND MENTAL HAVEN, A LAIR FOR THE SOUL WHERE WE REVEAL OUR MOST INTIMATE SECRETS. IT IS A MIRROR OF OUR HABITS AND RELISH FOR THE GOOD LIFE, THE END OF OUR YEARNING, OR ITS BEGINNING.

WE INVEST A GREAT DEAL OF OUR RESOURCES IN IT, AND WE WANT IT, AS IT IS THE CASE WITH MASTERPIECES, TO INCREASE IN VALUE OVER TIME, BUT TO MAKE THIS HAPPEN IT IS NECESSARY TO HAVE GREAT RESPECT FOR THE ARCHITECTURE AS IT MATERIALIZES.

IN SHORT, IT'S THE MOST INFLUENTIAL ARCHITECTURAL SPACE IN OUR LIVES, AND THAT IS WHY WE DEVOTE SO MUCH TIME AND ATTENTION TO IT.

P.P. 55 A 61
CASA ARDILLONES, TLALPUENTE, MEXICO, D.F.
FOTÓGRAFO - PHOTOGRAPHER. HECTOR VELASCO FACIO.

P.P. 62 A 70
CASA SANTA FE, MÉXICO, D.F.
FOTÓGRAFO - PHOTOGRAPHER. HECTOR VELASCO FACIO.

FERNANDO DE HARO L.
JESÚS FERNÁNDEZ S.
OMAR FUENTES E.

En busca de complementar creativamente el diseño arquitectónico a través del diseño de interiores, ABAX hace uso de la experiencia acumulada durante más de 20 años para brindar a los habitantes de sus ambientes la cálida vivencia de gozar su espacio.

Fernando de Haro Lebrija, Jesús Fernández Soto y Omar Fuentes Elizondo, a lo largo de su trayectoria, han cultivado la filosofía de generar espacios que, además de satisfacer las necesidades del cliente y del programa arquitectónico planteado, sean obras que generen sensaciones de bienestar, ofreciendo ambientes capaces de describir por sí mismos el fin para el que fueron diseñados.

In seeking to creatively complement architectural design with interior design, ABAX makes use of experience accumulated over 20 years to provide occupants with the warm experience of enjoying their spaces.

Throughout their careers, Fernando de Haro Lebrija, Jesús Fernández Soto and Omar Fuentes Elizondo have cultivated the philosophy of generating spaces that, while satisfying the client's needs and the needs of the proposed architectural program, are works that generate feelings of well-being, offering atmospheres that are capable of describing by themselves the purpose of their creation.

FOTÓGRAFO - PHOTOGRAPHER. Héctor Velasco Facio.

PEDRO ESCOBAR F. V.

JORGE ESCALANTE P.

JORGE CARRAL D.

PEDRO ESCOBAR F. V. Y JORGE ESCALANTE PIZARRO FUNDARON, EN 1996, LA FIRMA GRUPO ARQEE, DEDICADA PRINCIPALMENTE AL PROYECTO ARQUITECTÓNICO Y A LA CONSTRUCCIÓN DE CONJUNTOS HABITACIONALES, EDIFICIOS DEPARTAMENTALES, ASÍ COMO DIVERSOS PROYECTOS RESIDENCIALES.

SU TRABAJO SE CARACTERIZA POR LA SIMPLICIDAD EN SUS FORMAS Y VOLÚMENES, ASÍ COMO POR EL ÉNFASIS EN LA SOLUCIÓN ESPACIAL, QUE SE VE ENRIQUECIDA POR EL USO DE DIFERENTES TEXTURAS, EL CAMBIO DE ALTURAS Y EL MANEJO DE LA LUZ.

PARA SEGUIR OFRECIENDO UNA CALIDAD EXCELENTE, A FINALES DE 2003 SE INTEGRÓ A LA SOCIEDAD JORGE CARRAL DÁVILA, QUE SE UNE A LA BÚSQUEDA DE AMPLIAR LOS HORIZONTES PARA SATISFACER UNA NUEVA DEMANDA.

PEDRO ESCOBAR F. V. AND JORGE ESCALANTE PIZARRO FOUNDED, IN 1996, THE GRUPO ARQEE FIRM, MAINLY DEDICATED TO ARCHITECTURAL PROJECTION AND CONSTRUCTION OF RESIDENTIAL COMPOUNDS, APARTMENT BUILDINGS, AS WELL AS SEVERAL OTHER RESIDENTIAL PROJECTS.

THEIR WORK IS CHARACTERIZED BY SIMPLICITY OF SHAPE AND VOLUME, AS WELL AS AN EMPHASIS ON SPATIAL SOLUTIONS, ENHANCED BY THE USE OF DIFFERENT TEXTURES, CHANGING HEIGHTS AND THE MANAGEMENT OF LIGHT.

TO CONTINUE OFFERING EXCELLENT QUALITY, AT THE END OF 2003 JORGE CARRAL DÁVILA WAS BROUGHT INTO THE PARTNERSHIP, JOINING THEIR ATTEMPT TO BROADEN THEIR HORIZONS TO MEET NEW DEMANDS.

P.P. 87 A 93
CASA EL PATIO, EDO. DE MÉXICO.
FOTÓGRAFO - PHOTOGRAPHER. JORDI FARRÉ.

Antonio Farré M.

Arquitecto por la Universidad Iberoamericana, de la cual se tituló en 1993, ANTONIO FARRÉ ha tenido la oportunidad de trabajar en varios campos de la arquitectura, como el de los restaurantes, en el que ha proyectado más de cuarenta obras en la Ciudad de México, y como en la rama de las casas habitación, donde ha buscado aportar una idea diferente acerca de cómo vivir una casa. Este trabajo ha abierto, para él y su equipo, un importante espacio en este segmento en el cual buscan darle a las familias un mejor espacio para vivir.

Su filosofía se basa en la fuerza de la sencillez y en la comprensión del principio según el cual, en muchas ocasiones, menos significa más.

An architect who graduated from Universidad Iberoamericana in 1993, ANTONIO FARRÉ has had the opportunity to work in several architectural fields, such as restaurants, where he has created more than forty projects in Mexico City, as well as the residential field, where he has sought to create a different idea of how to live in a house. For Farré and his team, this work has created an important opportunity in this sector, in which they seek to provide families with a better living space.

His philosophy is based on the strength of simplicity and in the understanding of the principle that, frequently, less is more.

P.P. 95 a 99
Casa San Ángel e Interlomas, México, D.F.
FOTÓGRAFO - PHOTOGRAPHER. Jordi Farré.

P.P. 100 y 101
Casa Santa Fe, México, D.F.
FOTÓGRAFO - PHOTOGRAPHER. Jordi Farré.

GERARDO GARCÍA L.

EGRESADO DE LA UNIVERSIDAD ANÁHUAC, GERARDO GARCÍA INICIÓ SU ACTIVIDAD PROFESIONAL EN 1995 Y EJERCE DE FORMA INDEPENDIENTE DESDE 1999, CON EL DESARROLLO DE PROYECTOS CORPORATIVOS, CULTURALES, INDUSTRIALES, DE INTERIORISMO Y HABITACIONALES, GÉNERO ÉSTE REPRESENTATIVO DE SU MANERA DE CONCEBIR Y TRANSFORMAR EL ESPACIO. "LOS ARQUITECTOS DEBEMOS CREAR ESPACIOS RECEPTIVOS Y VERSÁTILES QUE, EN SU PAPEL DE ESCENARIOS DE LA VIDA DE LOS USUARIOS, ASUMAN LOS CAMBIOS SIN PERDER EL CARÁCTER QUE EL CONCEPTO GENERADOR LES IMPRIMIÓ…" ASÍ DEFINE EL CARÁCTER PROTAGÓNICO DEL ESPACIO EN SU OBRA, COLOCÁNDOSE ÉL MISMO EN UN SEGUNDO PLANO COMO SU TRANSFORMADOR, LABOR QUE LOGRA A TRAVÉS DEL REFLEJO DE LA LUZ EN LOS VOLÚMENES QUE LO COMPONEN. MADERA, MÁRMOL Y OTRAS PIEDRAS NATURALES ASÍ COMO CONCRETO, MATIZAN ESTE JUEGO DE LUZ Y APORTAN UN CARÁCTER Y PERSONALIDAD DISTINTIVA. COMPLEMENTOS COMO ILUMINACIÓN ARTIFICIAL, MOBILIARIO Y ARTE, ACTÚAN COMO CATALIZADORES EN LA CREACIÓN DE ESPACIOS PUROS, LIMPIOS, SIN PRETENSIONES Y CON IDENTIDAD PROPIA QUE SATISFACEN TANTO SU INSTINTO CREATIVO COMO LAS NECESIDADES DEL PROYECTO, DE SUS USUARIOS Y DE LAS RELACIONES ENTRE AMBOS.

A GRADUATE OF UNIVERSIDAD ANÁHUAC, GERARDO GARCÍA BEGAN HIS PROFESSIONAL PRACTICE IN 1995, AND HAS WORKED INDEPENDENTLY SINCE 1999, DURING WHICH TIME HE HAS DEVELOPED CORPORATE, CULTURAL, INDUSTRIAL AND INTERIOR DESIGN PROJECTS, ALTHOUGH THE RESIDENTIAL GENRE IS THE MOST REPRESENTATIVE OF HIS OWN WAY OF CONCEIVING AND TRANSFORMING SPACE. "WE MANIPULATE THE SPACE THROUGH THE RELATIONSHIP THAT, AS USERS, WE ESTABLISH WITH IT. ARCHITECTS MUST CREATE RECEPTIVE AND VERSATILE SPACES THAT, IN THEIR ROLE AS THE SCENERY OF DAILY LIFE, ASSUME CHANGES WITHOUT LOSING THE CHARACTER OF THE ORIGINAL CONCEPT…" THAT IS HOW HE DEFINES THE PROTAGONISTIC ROLE OF SPACE IN HIS WORK, PLACING HIMSELF AS A SECONDARY ELEMENT AS THE TRANSFORMER OF THAT SPACE, A TASK HE ACHIEVES BY THE REFLECTION OF LIGHT IN THE SPACES. WOOD, MARBLE, NATURAL STONES AND CONCRETE TINT THAT GAME OF LIGHT AND CONTRIBUTE THEIR OWN CHARACTER AND PERSONALITY. ARTIFICIAL LIGHTING, FURNITURE AND ART ACT AS CATALYSTS IN THE CREATION OF PURE, CLEAN, NON-PRETENTIOUS SPACES WITH THEIR OWN IDENTITY.

P.P. 103, 108 Y 109
CASA BOSQUE DE CHAPULTEPEC, MÉXICO, D.F.
FOTÓGRAFO - PHOTOGRAPHER. JORDI FARRÉ.

P.P. 104 A 107
CASA LOMAS DE CHAPULTEPEC, MÉXICO, D.F.
FOTÓGRAFO - PHOTOGRAPHER. HÉCTOR VELASCO FACIO.

FRANCISCO GUZMÁN G.

Con más de 20 años de trabajo profesional, Francisco Guzmán Giraud, fundador del despacho ARTECK S.C., se ha impuesto la tarea de superar las expectativas de sus clientes, con un estilo propio en el que expresa la vanguardia de su diseño arquitectónico y al mismo tiempo conserva la calidez de la arquitectura mexicana contemporánea.

Como resultado de ese propósito, sus proyectos son sobrios, acogedores y maduros; no sacrifican la funcionalidad y permiten que sus habitantes hagan recorridos llenos de sorpresas, que caminen su arquitectura y descubran un sinnúmero de espacios con personalidad propia.

With over 20 years professional experience, Francisco Guzmán Giraud has set the task for himself, and his design firm ARTECK, S.C., of surpassing the evolving expectations of his customers. Toward that objective he brings his own style to bear, which is an assimilation of the best of progressive design and the warmth of contemporary Mexican architecture. His designs are intelligent, friendly and mature. Functionality is always preserved and accompanied with a constant sense of discovery.

| 113

P.P. 111 A 117
CASA RETAMA, MÉXICO, D.F.
FOTÓGRAFO - PHOTOGRAPHER.
HÉCTOR VELASCO FACIO.

ARMANDO LASSO DE LA VEGA

LASSO DE LA VEGA ARQUITECTOS, REALIZA SUS PROYECTOS RESIDENCIALES, COMERCIALES O DE DISEÑO DE INTERIORES TRABAJANDO MUY DE CERCA CON EL CLIENTE PARA QUE LOS RESULTADOS OBTENIDOS CUMPLAN CON SUS NECESIDADES Y EXPECTATIVAS. "EN CADA PROYECTO BUSCAMOS LA INTEGRIDAD CONCEPTUAL, LA CLARIDAD ESPACIAL, EL JUEGO DE LA PROPORCIÓN Y LAS FUENTES DE LUZ COMO INTENCIONES DE DISEÑO. PARA NOSOTROS ES ESENCIAL LA INTEGRACIÓN ARQUITECTÓNICA DEL LUGAR CON EL PROGRAMA".

LASSO DE LA VEGA ARQUITECTOS CREATES ITS RESIDENTIAL, COMMERCIAL OR DESIGN PROJECTS WORKING CLOSELY WITH THE CLIENT, SO THAT THE RESULTS MEET THEIR NEEDS AND EXPECTATIONS. "IN EACH PROJECT, WE SEEK CONCEPTUAL INTEGRITY, SPATIAL CLARITY, AND THE PLAY OF PROPORTIONS AND LIGHT SOURCES AS INTENTIONS OF THE DESIGN. FOR US, IT IS ESSENTIAL THAT THE SPACE IS ARCHITECTURALLY INTEGRATED WITH THE LAYOUT."

| 121

P.P. 119-125
CASA CAMPESTRE
SAN LUIS POTOSÍ, S.L.P.
FOTÓGRAFO - PHOTOGRAPHER.
GERARDO GONZÁLEZ VARGAS.

PABLO MARTÍNEZ LANZ

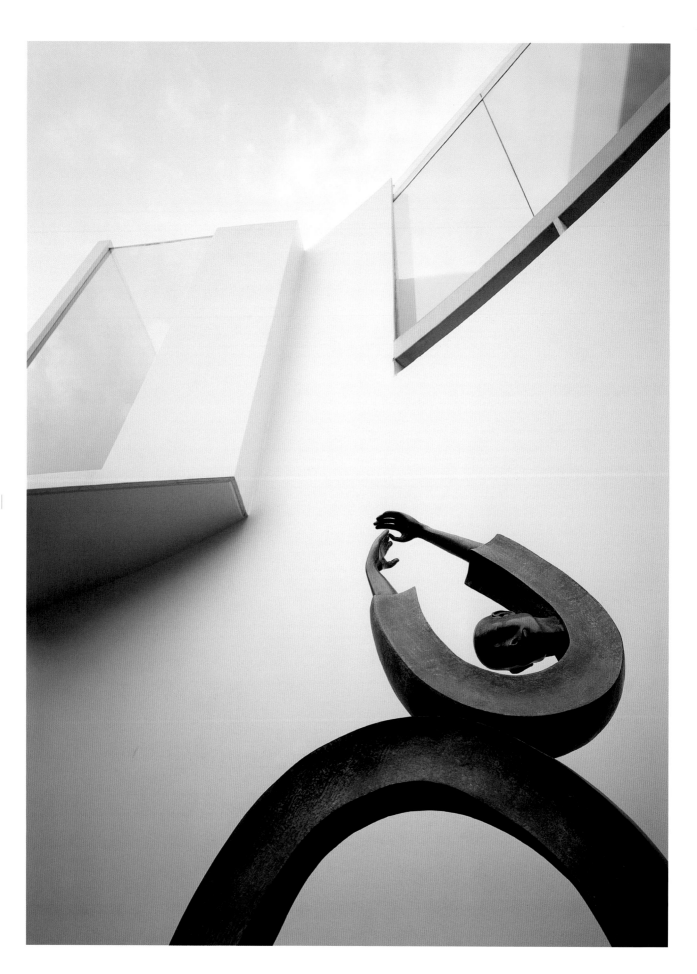

EN LA ARQUITECTURA SE NECESITA DESARROLLAR EL PROYECTO HACIENDO TODO UN TEMA DE CADA ELEMENTO, DENTRO DEL GRAN CONCEPTO. PARTIR DE LO GENERAL PARA LLEGAR HASTA EL ÚLTIMO DETALLE, SIEMPRE TRATANDO DE APORTAR ALGO A LO QUE YA EXISTE. PICASSO DECÍA QUE "EL ARTE NO ES LA INVENCIÓN DE ALGO NUEVO, SINO LA TRANSFORMACIÓN DE LO ANTERIOR".

NO HAY UN FUTURO SIN PASADO, DEBEMOS APORTARLE IDEAS A LA ARQUITECTURA, RENOVARLA, REFRESCARLA. SE DEBE LOGRAR UNA ARQUITECTURA VIVA, PERO CON LA HUMILDAD Y EL RESPETO QUE SE MERECE Y SIEMPRE CUIDANDO EL ENTORNO, LAS CIUDADES Y LA NATURALEZA.

IN ARCHITECTURE, THERE IS THE NEED TO DEVELOP PROJECTS THAT CREATE THEMES FOR EACH ELEMENT WITHIN THE OVERALL CONCEPT. ONE STARTS WITH THE BIG PICTURE TO ARRIVE AT THE VERY LAST DETAIL, ALWAYS ATTEMPTING TO CONTRIBUTE SOMETHING TO WHAT ALREADY EXISTS. PICASSO USED TO SAY THAT "ART IS NOT INVENTING SOMETHING NEW, BUT THE TRANSFORMATION OF SOMETHING THAT ALREADY EXISTS."

THERE IS NO FUTURE WITHOUT A PAST, WE MUST CONTRIBUTE IDEAS TO ARCHITECTURE, RENEW IT, REFRESH IT. A LIVING ARCHITECTURE MUST BE CREATED, ALWAYS WITH THE HUMILITY AND RESPECT IT DESERVES, AND ALWAYS TAKING INTO ACCOUNT THE ENVIRONMENT, CITIES AND NATURE.

P.P. 127 A 133
CASA PIRULES, MÉXICO, D.F.
FOTÓGRAFO - PHOTOGRAPHER.
JORGE RODRÍGUEZ ALMANZA.

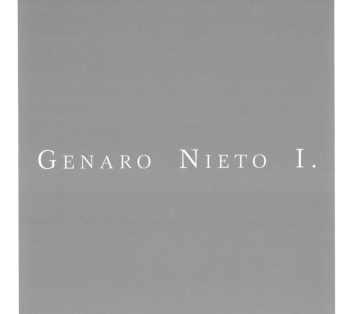

GENARO NIETO I.

La arquitectura mexicana ha tomado un papel relevante en el escenario internacional; su personalidad y estilo son parte del sello que la ha caracterizado. Con el paso del tiempo se ha ido enriqueciendo a través de talentosos y creativos arquitectos mexicanos. Uno de ellos es GENARO NIETO, quien por más de 25 años ha sido de los pioneros en la corriente arquitectónica residencial y de oficinas. Su obra se destaca por el alto nivel de calidad y perfección. La generosidad en el manejo de los espacios, la luz y el color le son característicos.

La destreza con que integra los exteriores es muy particular, ya que incorpora la naturaleza con el confort interior de manera tal, que resulta difícil identificar los límites físicos que los dividen.

Así es como logra evocar a los sentidos, creando una perfecta armonía y comunión entre el espacio y todo aquel que se introduce en él. De esta manera brinda plena satisfacción a los clientes más exigentes.

Mexican architecture has earned a relevant role on the international scene; its personality and style give it its characteristic look. It has been nurtured and enriched through time by talented and creative Mexican architects. One of them is GENARO NIETO, who for more than 25 years has been a pioneer in residential and office architecture. His work is notable for its high degree of quality and perfection.

Generosity in the management of spaces, light and color is characteristic. The skill with which he integrates exteriors is unique, because he incorporates nature with interior comfort in such a way that it is difficult to identify the physical boundaries that divide them.

That is how he appeals to the senses, creating perfect harmony and communion between the space and those who enter it, thus fully satisfying the most demanding clients.

P.P. 135 Y 146 ABAJO
CASA DEL BOSQUE, VALLE DE BRAVO, MÉXICO.

P.P. 136, 144 A 149
RANCHO LA RUMOROSA, VALLE DE BRAVO, MÉXICO.

P.P. 138 Y 139
CASA BUGAMBILIAS, VALLE DE BRAVO, MÉXICO.

P.P. 140 A 143
CASA MATETSY, VALLE DE BRAVO, MÉXICO.

FOTÓGRAFO - PHOTOGRAPHER. HÉCTOR VELASCO FACIO.

ANDRÉS PASTOR
ARTURO MATEOS
OMAR RENDÓN

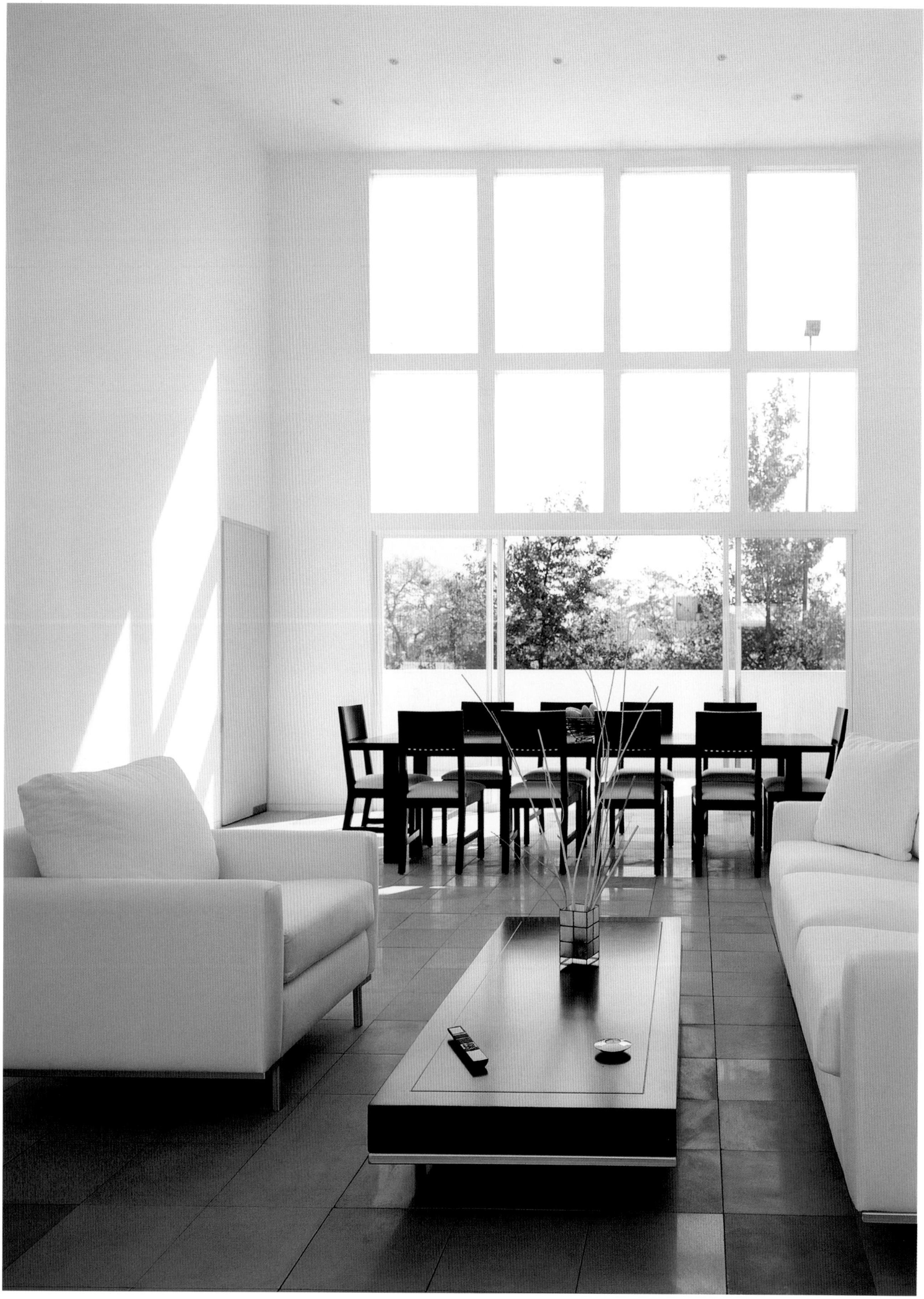

Andrés Pastor, de la Universidad Pontificia Bolivariana de Medellín, Colombia, Arturo Mateos, de la UNAM y Omar Rendón, del ITESM Sonora Norte, se asociaron para crear DDA DESPACHO DE ARQUITECTURA; también integrado por los ingenieros José Luis López de la C., Alfonso Salmerón y Juan Carlos Hernández, de la UNAM. Su intención es generar emociones y confort a los habitantes y buscar armonía con el entorno, respetando líneas anteriores y elementos como las rocas y los árboles.

| 153

Andrés Pastor from Universidad Pontificia Bolivariana in Medellin, Colombia, Arturo Mateos, from UNAM and Omar Rendón from ITESM Sonora Norte, partnered to create DDA DESPACHO DE ARQUITECTURA; its associates include the engineers José Luis López de la C., Alfonso Salmerón and Juan Carlos Hernández, from UNAM. They seek to generate emotions and comfort for residents and harmony with the environs, respecting the existing lines and elements such as rocks and trees.

P.P. 151 A 157
Casa Carapuca 15, México, D.F.
FOTÓGRAFO - PHOTOGRAPHER.
151, 154, 156 y 157 Luis Gordoa.
152 y 155 Jasmín Wald.

ESTÁ CLARO QUE TODO ARQUITECTO DEBIERA SER UN ARTISTA QUE TIENE EL COMPROMISO SOCIAL DE HACER CONSTRUCCIONES ARMÓNICAS, YA QUE, COMO UNA VERTIENTE DEL ARTE, DEBEN APELAR A NUESTRAS EMOCIONES. DE ACUERDO CON ESTE RAZONAMIENTO, DANIEL PÉREZ-GIL MUESTRA EN SU TRABAJO QUE LA ORGANIZACIÓN DE ESPACIOS NO SÓLO DEBE CUBRIR LAS NECESIDADES BÁSICAS PARA LAS QUE FUERON CREADOS, SINO QUE TAMBIÉN DEBE PROVOCAR EN LOS ESPECTADORES SENSACIONES AGRADABLES. EN LA RELACIÓN ESPACIOS ABIERTOS-NATURALEZA, ENCUENTRA LA FÓRMULA PERFECTA PARA HACER DE SU ARQUITECTURA UNA COMBINACIÓN EN LA QUE EL SER HUMANO PUEDE DESENVOLVERSE EN CONEXIÓN CON SU ENTORNO DE MANERA NATURAL, SIN DEJAR A UN LADO LAS FORMAS ESTÉTICAS Y LOS CONTRASTES QUE DAN LUGAR A UNA SINERGIA DONDE LOS VOLÚMENES FORMAN ESCENARIOS MATIZADOS POR LA LUZ SOLAR.

IT IS CLEAR THAT EVERY ARCHITECT SHOULD BE AN ARTIST WITH THE SOCIAL COMMITMENT TO MAKE HARMONIOUS BUILDINGS, GIVEN THAT, AS EXPRESSIONS OF ART, THEY SHOULD APPEAL TO OUR EMOTIONS. ACCORDINGLY, DANIEL PÉREZ-GIL SHOWS IN HIS WORKS THAT THE ORGANIZATION OF SPACES SHOULD NOT ONLY MEET THE BASIC NEEDS FOR WHICH THEY ARE CREATED, BUT MUST ALSO PROVOKE AGREEABLE FEELINGS IN THE VIEWER. IN THE RELATIONSHIP BETWEEN OPEN SPACES AND NATURE, HE FINDS THE PERFECT FORMULA FOR MAKING HIS ARCHITECTURE A COMBINATION IN WHICH THE HUMAN BEING CAN UNRAVEL HARMONIOUSLY WITH HIS NATURAL ENVIRONMENT, WITHOUT NEGLECTING THE AESTHETICS AND CONTRASTS THAT FACILITATE SYNERGY WHERE VOLUME CREATES SCENERIES TINTED BY SUNLIGHT.

P.P. 159 A 165
CASA MONTAÑA, MÉXICO, D.F.
FOTÓGRAFO - PHOTOGRAPHER. HÉCTOR ARMANDO HERRERA.

ENRIQUE ZOZAYA

ENRIQUE ZOZAYA, HA DESARROLLADO LA MAYOR PARTE DE SU EXPERIENCIA PROFESIONAL EN LAS COSTAS DEL PACÍFICO MEXICANO, CONCRETAMENTE EN LA ZONA DE IXTAPA ZIHUATANEJO.

A DECIR DEL RECONOCIDO ARQUITECTO, MANTENER UNA VISIÓN CONSTANTE DE LA CONSTRUCCIÓN, EXPLORAR LAS DIFERENTES OPCIONES DEL TRAZO, LIBERARSE DE TODOS LOS INSTRUMENTOS Y DIBUJAR A MANO, NOS LLEVA A DISEÑAR ESPACIOS QUE JAMÁS HUBIÉRAMOS IMAGINADO. CON ESE CONCEPTO HA DESARROLLADO UN GRAN NÚMERO DE SUITES EN MEDIO DE EXTENSOS JARDINES EN LAS PROXIMIDADES DE LAGOS TROPICALES.

LA ACERTADA SOLUCIÓN Y DISTRIBUCIÓN DE ESPACIOS, PERMITE DISFRUTAR A PLENITUD DE LA BRISA DEL MAR Y LAS IMPACTANTES VISTAS DE UNA DE LAS MEJORES PLAYAS DE MÉXICO.

ENRIQUE ZOZAYA HAS DEVELOPED MOST OF HIS PROFESSIONAL EXPERIENCE ON MEXICO'S PACIFIC COAST, SPECIFICALLY IN THE AREA OF IXTAPA-ZIHUATANEJO.

ACCORDING TO THE RENOWNED ARCHITECT, KEEPING A CONSTANT VISION OF THE BUILDING, EXPLORING THE DIFFERENT OPTIONS FOR OUTLINES, FREEING ONESELF FROM ALL INSTRUMENTS AND DRAWING BY HAND, LEADS US TO DESIGN SPACES WE WOULD HAVE NEVER IMAGINED. USING THAT CONCEPT, HE HAS DEVELOPED A NUMBER OF SUITES AMID EXTENSIVE GARDENS NEAR TROPICAL LAKES.

THE GOAL OF THIS COMPOUND WAS TO DESIGN THE SUITES BASED ON ATTRACTIVE SMALL ADOBE HOUSES, SURROUNDED BY EXTENSIVE GARDENS AND TROPICAL LAKES.

THE PROPER SOLUTION AND LAYOUT OF THESE SPACES ALLOWS FOR ENJOYMENT OF THE SEA BREEZE AND THE ASTOUNDING VIEWS OF ONE OF MEXICO'S BEST BEACHES.

P.P. 167 A 173
CASA LA PUNTITA,
IXTAPA ZIHUATANEJO, MÉXICO.
FOTÓGRAFO - PHOTOGRAPHER. MICHAEL CALDERWOOD.

MARTA ZUBILLAGA

MARTA ZUBILLAGA, AL TENER LA OPORTUNIDAD DE VIAJAR Y RESIDIR EN DIFERENTES PAÍSES, ADQUIERE UNA PERSPECTIVA Y UNA VISIÓN INTERNACIONAL. EGRESADA DE LA UNIVERSIDAD ANÁHUAC, SE ESTABLECE EN LA CIUDAD DE MIAMI, EN 1993, UBICACIÓN VENTAJOSA QUE LE PERMITE DESARROLLARSE EN UN MEDIO COSMOPOLITA DESDE EL CUAL PUEDE REALIZAR ESTILOS ARQUITECTÓNICOS QUE SE ACOPLAN A LAS NECESIDADES DE SUS CLIENTES Y AL MEDIO AMBIENTE.

PASIÓN POR EL DETALLE Y FUNCIONALIDAD SE COMBINAN EN ESPACIOS CLAROS Y DEFINIDOS, DONDE LOS EJES VISUALES, EL MANEJO DE LA LUZ NATURAL, MATERIALES Y COLOR SON UNA CONSTANTE EN SUS PROYECTOS. ENTRE SUS HABILIDADES ESTÁ LA CAPACIDAD PARA INTERPRETAR LOS GUSTOS DE SUS CLIENTES Y CONVERTIRLOS EN ESPACIOS Y VOLÚMENES QUE CREAN EL SELLO ÚNICO DE SU ARQUITECTURA.

MARTA ZUBILLAGA, HAVING HAD THE OPPORTUNITY TO TRAVEL AND LIVE IN SEVERAL COUNTRIES, HAS EARNED HER COSMOPOLITAN PERSPECTIVE AND VISION. A GRADUATE OF UNIVERSIDAD ANÁHUAC, SHE ESTABLISHED HER ARCHITECTURAL CAREER IN MIAMI IN 1993, AN ADVANTAGEOUS LOCATION THAT ALLOWS HER TO EVOLVE IN A COSMOPOLITAN ENVIRONMENT IN WHICH SHE CAN CRAFT ARCHITECTURAL STYLES THAT FIT THE NEEDS OF HER CLIENTS AND THE SURROUNDINGS.

A PASSION FOR DETAIL AND FUNCTIONALITY ARE COMBINED IN CLEAR AND DEFINED SPACES, WHERE VISUAL AXES, THE MANAGEMENT OF NATURAL LIGHTING, MATERIALS AND COLORS ARE CONSTANTS THROUGHOUT HER PROJECTS. ONE OF HER GREAT SKILLS IS HER ABILITY TO INTERPRET HER CLIENT'S INCLINATIONS AND CONVERT THEM INTO SPACES AND VOLUME THAT BECOME HER TRADEMARK ARCHITECTURE.

P.P. 175 A 181
CASA MARINA, KEY BISCAYNE, FLORIDA.
FOTÓGRAFO - PHOTOGRAPHER.
ESTUDIO ALECTRON.

DIRECTORIO
DIRECTORY

RICARDO AGRAZ
AGRAZ ARQUITECTOS

Av. Américas No. 889-106 B, Italia Providencia,

Guadalajara, Jal., México, 44640

Tel. / Fax. (333) 817.34.38 / (333) 817.22.03

E-mail: ragraz@megared.net.mx

agrazarq@megared.net.mx

GUILLERMO ALCOCER
ALCOCER ARQUITECTOS

Tel. 55.50.95.90

Fax. 55.50.95.64

E-mail: gabatt@prodigy.net.mx

DANIEL ÁLVAREZ
GA GRUPO ARQUITECTURA

Atlanta No. 143

Noche Buena, México, D.F., 03720

Tels. 55.63.53.72 / 55.63.15.89

E- mail: daf@grupoarquitectura.com

MARIO ARMELLA G.
MARIO ARMELLA M.
ALEJANDRA PRIETO DE P.
CECILIA PRIETO DE M.
ARMELLA ARQUITECTOS / DUPUIS

TELS. 55.50.02.92 / 05.49 / 56.16.41.08

E-MAIL: MARIOARMELLA@PRODIGY.NET.MX

TEL. 55.20.11.79/55.40.00.74/52.02.35.23

E-MAIL: MERCADOTECNIA@DUPUIS.COM.MX

ALEX CARRANZA VALLES
GERARDO RUIZ DÍAZ
TARME

AV. DE LA PALMA NO. 8 DESP. 502,

SAN FERNANDO LA HERRADURA,

HUIXQUILUCAN, EDO. DE MÉXICO, 52787

TEL. 52.90.28.29

FAX. 52.90.76.99

E-MAIL: ACV@TARME.COM / GRD@TARME.COM

FERNANDO DE HARO LEBRIJA
JESÚS FERNÁNDEZ SOTO
OMAR FUENTES ELIZONDO
ABAX ARQUITECTOS

PASEO DE TAMARINDOS NO. 400 B-102,

BOSQUES DE LAS LOMAS, MÉXICO, D.F., 05120

TEL. 52.58.05.58 / 57

FAX. 52.58.05.56

E-MAIL: ABAX@ABAX.COM.MX

PEDRO ESCOBAR F.V.
JORGE ESCALANTE P.
JORGE CARRAL D.
GRUPO ARQEE

BOULEVARD ADOLFO LÓPEZ MATEOS NO. 1661,

UNIDAD TORRES DE MIXCOAC, EDIF. A-12

DESP 701, MÉXICO, D.F., 52787

TEL. 56.51.20.65

FAX. 56.51.31.17

E-MAIL: JEP@ARQEE.COM / WWW.ARQEE.COM

ANTONIO FARRÉ M.
FARRÉ ARQUITECTOS

AURELIANO RIVERA No. 70,

TIZAPÁN SAN ÁNGEL, MÉXICO, D.F., 01000

TEL. 55.95.50.74

E-MAIL: FARRE03@PRODIGY.NET.MX

GERARDO GARCÍA L.

PEDREGAL No. 19,

LOMAS DE CHAPULTEPEC, MÉXICO, D.F., 11000

TELS. 55.40.35.35 / 52.02.52.42

FAX. 52.02.86.77

E-MAIL: GERARDO_GL@PRODIGY.NET.MX

FRANCISCO GUZMÁN GIRAUD
ARTECK

PROL. PASEO DE LA REFORMA No. 1232

TORRE A-4TO PISO, LOMAS DE BEZARES,

MÉXICO, D.F., 11910

TELS. 91.49.49.80 AL 83

FAX. 91.49.49.83

E-MAIL: ARQFGUZMAN@AOL.COM

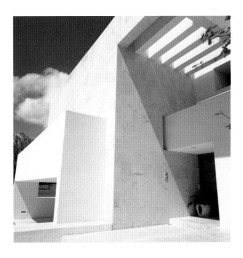

ARMANDO LASSO DE LA VEGA
LASSO DE LA VEGA ARQUITECTOS

NARANJOS No. 585-5,

LAS ÁGUILAS, 3RA. SECCIÓN,

SAN LUIS POTOSÍ, MÉXICO, 78260,

TEL. (0144) 48.17.48.33

E-MAIL: ALASSO@INFOSEL.NET.MX

PABLO MARTÍNEZ LANZ
PML ARQUITECTOS

BOSQUES DE CIDROS No. 54-PB

BOSQUES DE LAS LOMAS, MÉXICO, D.F., 05120

TEL: 21.67.12.84 / 85

E-MAIL: LANZ@PRODIGY.NET.MX

GENARO NIETO ITUARTE
GRUPO ARQUITECTÓNICA

PROL. PASEO DE LA REFORMA No. 39 - 208,

PASEO DE LAS LOMAS, MÉXICO, D.F., 11330

TEL. 52.92.00.56

FAX. 52.92.36.81

E-MAIL: GRUPARQ@PRODIGY.NET.MX

ANDRÉS PASTOR
ARTURO MATEOS
OMAR RENDÓN
DDA DESPACHO DE ARQUITECTURA

DIVISIÓN DEL NORTE No. 2818,

PARQUE SAN ANDRÉS, MÉXICO, D.F., 04040

TELS. 55.49.24.54 / 55.49.24.66

FAX. 55.49.24.98

WWW.DESPACHODEARQUITECTURA.COM

DANIEL PÉREZ-GIL
DPGA

BLVD. ADOLFO LÓPEZ MATEOS 2349, 6o PISO,

ATLAMAYA, MÉXICO, D.F., 01760

TEL. 56.83.88.58

FAX. 56.83.19.12

WWW.DPGARQUITECTOS.COM

E N R I Q U E   Z O Z A Y A   D .
ZOZAYA ARQUITECTOS

CENTRO COMERCIAL LAS FUENTES NO. 10

IXTAPA, GUERRERO, MÉXICO, 40880

TEL. (755) 55.324.15

FAX. (755) 55.306.08

E-MAIL: EZOZAYA@PRODIGY.NET.MX

M A R T A   Z U B I L L A G A
ZUBILLAGA DESIGN INC.

3191 CORAL WAY, SUITE 201

MIAMI, FLORIDA, 33145

TEL. (305) 962.15.34

FAX. (305) 443.61.60

E-MAIL: MZUBI@MSN.COM / MARTAZUBI@MSN.COM

Se terminó de imprimir en el mes de agosto del 2005
en Hong Kong. El cuidado de edición estuvo a cargo de
AM Editores S.A. de C.V.